AF373777

DOCUMENTS

RELATIFS A L'OCCUPATION DE VALENCIENNES

PAR LES

AUTRICHIENS

(1er Août 1793 — 1er Septembre 1794.)
(14 Thermidor an II — 10 Fructidor an III.)

— Vœ victis. —

(Extrait de la REVUE agricole, industrielle et littéraire
de la Société impériale de Valenciennes.)

Par **Th. Louïse**,

Professeur au Collége, Secrétaire de la section d'histoire et de littérature.

VALENCIENNES

Imprimerie de B. HENRY, rue du Marché-aux-Poissons.

1858

DOCUMENTS

RELATIFS A L'OCCUPATION DE VALENCIENNES PAR LES AUTRICHIENS

1er AOUT 1793 — 1er SEPTEMBRE 1794 (14 THERMIDOR
AN II — 10 FRUCTIDOR AN III)

---

§ Ier. *Entrée solennelle de Sa Majesté impériale et royale
François II, le 15 avril 1794 ;*

§ II. *Renouvellement du Magistrat (1) par l'autorité autrichienne;
— Fin de l'occupation.*

§ I.

— Væ victis. —

Depuis plus d'un siècle, la ville de Valenciennes était entrée
au sein de la grande famille française, lorsque l'orage révolutionnaire éclata. Placée sur la frontière, comme une sentinelle
avancée, elle eut une des premières à soutenir par les armes le
sanglant défi que la Convention avait lancé à l'Europe monar-
chique, et reçut pendant quarante-trois jours un baptême de feu
et de sang. Mais quand la moitié des maisons fut réduite en
cendres, la garnison décimée, six mille habitants anéantis par
la bombe ou la peste, quand elle vit que Custine, irrité de la
chûte des Girondins, restait immobile à son quartier général de
Cambrai, elle succomba glorieusement, en signant toutefois une

---

(1) L'occupation de Valenciennes par les Autrichiens a duré treize
mois, du 1er août 1793 au 1er septembre 1794. Maître de la place, l'ennemi abolit toutes les magistratures révolutionnaires, et rétablit, tel
qu'il existait avant 1789, *le Magistrat*, à la tête duquel se trouvait
comme prévôt Alexandre de Pujol. Le 3 juillet 1794, messieurs du
Magistrat s'étant démis de leurs charges, le général-major de Kinnart
pourvut à leur remplacement. Guicciardin nous apprend que « *le* MA-
» GISTRAT *de Valenciennes consiste en* UN *prévôt et* DOUZE *écherins.* »
(*Description des Pays-Bas, page 433*).

honorable capitulation. Par sa défense héroïque, elle avait sauvé la France, de l'aveu même du prince de Saxe-Cobourg et du duc d'Yorck, en arrêtant sous ses murs, pendant trois mois, la coalition au début de la campagne, en la forçant ainsi à ralentir ses projets d'envahissement pour réparer des pertes considérables. Cependant le drapeau jaune et noir flottait sur les édifices de la cité, et la double aigle de l'Autriche était écussonnée sur ses portes..... Nous ne prétendons pas retracer l'histoire de l'occupation autrichienne, mais seulement ajouter quelques détails authentiques et peu connus à ceux qu'une plume mieux autorisée que la nôtre a déja publiés. (2)

« Ce qui m'a frappé tout d'abord, dit **M.** Regnard, çà été la » preuve complètement acquise qu'en 1793 il ne s'agissait pas » de restauration, mais de conquête : devenir autrichien ou » rester français, telle était toute la question. Aussi dans les » actes qui sont sous mes yeux, le nom des Bourbons n'est-il » pas même prononcé. C'est au nom de *Sa Majesté, empereur* » et *roi*, que le duc d'Yorck traite avec le brave Ferrand de la » capitulation de Valenciennes. C'est à l'*Empereur* que la ville » se rend ; c'est en *son nom* que la *Jointe*, établie pour l'admi- » nistration du pays conquis, organise ; c'est encore en son » nom que la justice est administrée. En un mot on voit partout » les agents de Sa Majesté impériale, exerçant pleinement sur » nous les droits de souveraineté, nous traiter en sujets, après » nous avoir traités en ennemis. » Cet esprit de domination et de conquête est en effet tout le secret de la politique autrichienne pendant l'occupation. Aussi tous les actes émanés de l'autorité portent-ils plus ou moins l'empreinte d'une réaction passionnée. La proclamation du prince de Saxe-Cobourg relative à la ville de Condé, fut affichée et publiée à Valenciennes. Le prince prenait possession de la ville au nom de Sa Majesté impériale et royale, et n'userait de l'autorité qu'il exerçait en vertu du *droit de conquête*, que pour maintenir l'ordre public et la sûreté des personnes et des propriétés. Il commence par défendre les clubs et assemblées populaires, et menace de juger militairement ceux qui les provoqueraient ou en feraient partie. De son côté, la *Jointe* supprimait toutes les magistratures révolutionnaires, rétablissait les anciennes juridictions et publiait un tarif sur le cours des monnaies impériales dans les pays conquis, après avoir provisoirement toléré le cours des monnaies françaises. Par cette mesure, elle portait une grave atteinte à la classe ouvrière, dont la misère s'accroissait encore par le manque de travail et par la démonétisation des assignats. La *Jointe* établit aussi une compagnie de maréchaussée et une juridiction prévôtale composées de *soixante-six* hommes, réorganisa les corps religieux, politiques et civils, à la condition qu'ils

---

(2) Nous voulons parler du travail excellent, mais malheureusement inachevé, publié par **M.** Regnard, dans les *Archives du Nord*, sur l'occupation autrichienne.

recevraient d'elle une nouvelle investiture (3), décréta le réta-
blissement de la dime et du terrage, avec défense d'entraver la
perception de ces droits, sous peine d'être traités comme per-
turbateurs du repos public. Quant aux finances, la *Jointe* n'oubliait pas qu'une des premières conséquences de la conquête,
c'était de remplir les coffres du vainqueur. Aussi prit-elle à cet
effet plusieurs mesures nouvelles et vexatoires, relativement au
timbre, aux octrois et aux impositions.

Enfin les émigrés eux-mêmes, qui avaient suscité la guerre à
la République française, ne tardèrent pas à s'apercevoir qu'ils
n'étaient que l'instrument de la politique de l'ambitieuse maison
d'Autriche. La levée du séquestre de leurs biens fut, il est vrai,
décrétée ; mais une ordonnance du 13 mars 1794, leur interdit
le séjour des pays conquis, et leur prescrivit de quitter la frontière dans le délai de trois jours, sous peine d'être arrêtés
comme *suspects*. En vain le nouveau Magistrat essaya d'inter-
venir entre les opprimés et les oppresseurs, en représentant au
prince de Saxe-Cobourg les conséquences déplorables de cette
ordonnance ; il ne put obtenir qu'un léger amendement.

Ce fut dans ces circonstances sinistres, alors que le drapeau
du despotisme flottait pour ainsi dire sur des ruines, au milieu
d'une population opprimée, qu'on apprit la nouvelle du voyage
de l'empereur *François II* dans le Hainaut autrichien et dans les
pays conquis. Des dissensions s'étaient élevées entre l'Autriche
et la Prusse, et avaient presque abouti à une rupture. La cour
de St-Pétersbourg, disait-on, était d'intelligence avec celle de
Berlin, pour affaiblir la maison d'Autriche. Aussi cette dernière
mettait-elle tout en œuvre pour gagner en Belgique le petit nombre de chefs qui ne lui appartenaient pas, en imposer aux
vaincus et surveiller la défense du pays et les mouvements de
l'intérieur. Ce voyage de l'empereur dans les Pays-Bas fut donc
regardé comme un coup d'état. Le 9 avril 1794, l'Empereur, les
archiducs Charles et Joseph ses fils, traversèrent Liége pour se
rendre à Bruxelles, où les attendait une brillante réception. Le
signal de leur arrivée dans cette ville fut aussi le signal du départ pour les émigrés, que l'on contraignit même à sortir de tout
le Hainaut autrichien, à l'exception d'un certain nombre de
familles désignées et connues particulièrement de la cour de
Vienne. François II fit déclarer au conseil de Brabant qu'il
venait pour huit mois se fixer dans les Pays-Bas, où la présence
de l'Empereur était utile. Le *Moniteur universel* signale en ces
termes, à la date du 2 mai 1794, l'arrivée de François II à
Bruxelles.

« Bruxelles, 12 avril (23 germinal).
« L'empereur est arrivé dans cette ville. Les Corps, les Ma-
» gistrats, les Etats de Brabant lui ont prodigué les marques de
» la plus servile idolâtrie. Un cortége mêlé de folle magnifi-
» cence et de pompe ridicule l'attendait pour lui présenter les

---

(3) Décret du 20 juillet 1793, art. 8.

» clefs, et le mener à Sainte-Gudule. Le peuple n'a montré que
» de la curiosité. François II va partir pour l'armée. Il pense
» sans doute qu'il est temps de se montrer dans sa propre que-
» relle, lui pour qui il ne semble pas que les Peuples conservent
» la fantaisie de se battre encore longtemps. »

A ce langage du *Moniteur*, il suffit d'opposer la relation offi-
cielle de l'entrée de François II à Valenciennes, pour se con-
vaincre, une fois de plus, que dans le domaine des faits histori-
ques, bien plus encore que dans le domaine physique, la vision
distincte ne s'opère qu'à distance. De Bruxelles à Valenciennes,
la marche de François II fut celle d'un triomphateur. « Partout
» où Sa Majesté a passé, nous apprend un document authenti-
» que, elle a remarqué la même joie, la même satisfaction de la
» part de ses sujets. Comme son amour est égal pour tous, tous
» lui ont prouvé à l'envi que leur amour est égal pour elle.
» Dans toutes les villes, Sa Majesté a été *traînée* par ses *sujets* ;
» partout elle a été appelée du doux nom de père ; partout elle
» a été l'objet de l'allégresse générale, et partout les airs ont
» retenti des cris de : *Vive l'Empereur! Vive François !*

« Ce monarque adoré et bien digne de l'être, tant à cause de
» l'amour qu'il montre à son peuple, qu'à cause des efforts et
» des sacrifices qu'il fait pour amener le triomphe de l'humanité
» et rétablir la tranquillité en Europe, est arrivé à *Condé*, porté
» pour ainsi dire sur un flot de peuple immense, qui pleurait
» d'attendrissement, qui applaudissait avec transport et qui bé-
» nissait en lui son prince et son libérateur.

« Son Altesse Mgr le maréchal prince de Saxe-Cobourg vint
» à Condé pour y recevoir Sa Majesté, qui l'honora du plus gra-
» cieux accueil.

« Son Altesse accompagna le monarque jusqu'à *Valenciennes.*
» Ce brave et illustre guerrier était à cheval, l'épée nue, à une
» des portières de Sa Majesté, et une nombreuse cavalerie, qu'il
» avait commandée pour servir d'escorte, et qui accompagna
» Sa Majesté dans la ville de Valenciennes, donna à cette en-
» trée une *telle pompe*, qu'on crut voir *César entrant en triomphe*
» *dans Rome, après la soumission des Gaulois.* (1) »

Quand on eut signifié à messieurs du Magistrat que Sa Majesté
impériale daignait visiter la ville de Valenciennes, une réunion
extraordinaire fut provoquée par le général-major *Vinceslas de
Kammeler,* et l'ordonnance suivante y fut arrêtée :

*Ordonnance de MM. les Prévôt et Echevins de la ville de Valen-
   ciennes, concernant les dispositions pour l'arrivée en cette ville
   de Sa Majesté impériale et royale.* (2)

---

(1) A la Croix-d'Anzin, quelques portefaix et ouvriers dételèrent la
voiture de *Sa Majesté* et la traînèrent par la ville, jusqu'à l'hôtel qui
lui était destiné. Comme s'il était permis, même aux plus mauvais
jours, de déserter son drapeau, de renier la patrie !

(2) Archives de Valenciennes : *Ordonnances et règlements de police.* (1764-1794.)

Du 13 avril 1794.

« Nous touchons au moment à jamais mémorable de recevoir
» dans nos murs Sa Majesté l'Empereur et Roi, notre auguste
» libérateur. S'il nous était permis de suivre les mouvements de
» notre amour et de notre zèle, la plus grande pompe, la plus
» grande magnificence accompagneraient partout les pas de Sa
» Majesté; mais hélas ! *le délabrement des finances* de la ville,
» l'état *de ruine où se trouvent la plupart des fortunes particu-*
» *lières,* ne nous donnent que des regrets, et nous réduisent à
» ne pouvoir offrir au plus grand souverain de l'Europe que
» l'hommage pur et sincère de nos cœurs. Préparons-nous à
» faire retentir les airs de nos cris de la plus vive allégresse, et
» tandis que Sa Majesté impériale et royale va continuer ses
» victoires et précipiter le crime du haut d'un trône où la vertu
» était assise, faisons le jouir au moins du spectacle attendris-
» sant d'un *père tendre et chéri au milieu de ses enfants,* qui se
» pressent pour lui offrir leur hommage et leurs vœux, et que
» les *trop justes* transports de la plus vive reconnaissance soient
» accompagnés de tous les témoignages publics qui sont en
» notre pouvoir.

» A ces causes, nous avons réglé, statué et ordonné, réglons,
» statuons et ordonnons ce qui suit :

Art. Ier.

» L'arrivée de Sa Majesté Empereur et Roi sera annoncée
» par le son des carillons et de toutes les cloches, sur le signal
» qui sera donné par celle du beffroi.

Art. II.

» Demain, lundi, à midi, toutes les boutiques seront fermées.

Art. III.

» Les rues, depuis la porte de Tournay jusqu'à la Grande-
» Place et de là jusques et inclus la rue St-François (1) seront
» balayées très-exactement.

Art. IV.

» Au moment de l'illumination, on fera couler de la bière à
» chaque coin de la Grande-Place, et sur toutes les autres pla-
» ces publiques de cette ville (2).

Art. V.

» Le soir, il y aura illumination. Tous les habitants de cette
» ville seront *tenus* d'éclairer la devanture de leurs maisons, à
» tous les étages, au moment où ils en seront avertis par la
» cloche du beffroy.

---

(1) Aujourd'hui rue des Récollets.

(2) Ce signe de réjouissance était assez en usage quand des souve-
rains faisaient leur entrée à Valenciennes. Ainsi, nous trouvons dans
Pierre d'Outreman, à l'occasion de la joyeuse entrée des archiducs
Albert et Isabelle, en 1600, que le grand Conseil prit, entr'autres, cette
décision : *... miserunt simul et fontem, qui in fori medio collo-*
cantur vinum rubellum et aquam diversis ab epistomiis et si-
phunculis ubertim profunderet. »

Art. VI.

» Nous nous reposons pour le surplus sur le zèle des habi-
» tants à faire tout ce qui est en eux pour orner de tapisseries
» ou de branches les rues par lesquelles passera Sa Majesté im-
» périale et royale. »

« Fait en jugement, à la demande de maître Charles-Louis-
» Joseph Humbert Lamoninary, avocat au Parlement, lieute-
» nant prévôt-le-comte établi par loy, à Valenciennes, le
» 13 avril 1794.

» Signé : Desmoutiers.

« L'an mil sept cent-quatre-vingt-quatorze, le quatorzième
» jour du mois d'avril, je huissier, publieur juré des bans de
» police, ordonnances et réglements de MM. du Magistrat de la
» ville de Valenciennes, ai lu, publié et affiché le présent ré-
» glement par tous les carrefours, lieux ordinaires et accoutu-
» més de cette dite ville, banlieues, ancienne et nouvelle ;
» fait le jour, mois et an susdits.

Signé : Quesnoy.
Collationné : Descornaix.

Ainsi, c'est au moment où un joug détesté pèse sur les débris
d'une population courageuse, où la ville épuisée sort à peine
de ses ruines qu'il faut revêtir les habits de fête, illuminer les
habitations et acclamer par des *vivats* l'entrée de l'oppresseur !
Le 15, à cinq heures et demie, Sa Majesté fit son entrée dans
Valenciennes et accepta l'hospitalité chez M. Mathieu, négo-
ciant (1).

« Un peuple immense, nous dit une gazette des Pays-Bas,
» couvrait les rues et les places, et témoignait par des *vivats*
» mille et mille fois répétés ses transports et son enthousiasme...
» Sa Majesté, touchée jusqu'au cœur des démonstrations de tous
» les respectables habitants de cette ville, *voulut être avec eux*
» *toute la soirée.* Elle se rendit à la comédie, où l'on donnait
» *Richard-Cœur-de-Lion*, et elle eut plus d'une fois l'occasion de
» montrer sa sensibilité, aux applications touchantes que fit le
» public aux passages qui pouvaient rappeler l'horrible captivité
» de l'auguste héritier du trône de St-Louis.

» Après le spectacle, Sa Majesté se promena dans toute la
» ville et admira les illuminations qui étaient disposées avec
» une somptuosité et une élégance extraordinaires. Elles étaient
» si nombreuses et si éclatantes, que la ville avait l'air d'être en
» feu. Cette journée, les plaisirs qu'elle a procurés, et surtout la
» preuve que Sa Majesté a donnée, que les habitants de Valen-
» ciennes étaient gouvernés par un roi, ont *amplement dédom-*

---

(1) Rue des Récollets, n° 21, maison occupée maintenant par
Mme veuve Serret. M. Léonard Mathieu, dont il est ici question, était
aussi en 1794 directeur des mines d'Anzin. Son père, Pierre Mathieu,
découvrit le charbon à Anzin en 1734 ; son grand-père, Jacques Mathieu, le découvrit pour la première fois dans le pays, à Fresnes, en
1717.

» magé ces malheureux habitants des *horreurs du siége*, et du
» souvenir plus horrible encore des républicains.

» Ce pas en avant nous présage que l'armée ne tardera pas à
» se lancer sur les satellites de Robespierre : cependant, il n'est
» pas présumable que l'on entreprenne quelque chose de part
» et d'autre d'ici à quelques jours. Les chemins sont tellement
» impraticables, que nos troupes ne pourraient profiter de leur
» avantage, en forçant l'ennemi après l'avoir fait rompre. Les
» charriots disparaissent dans les boues et ne peuvent plus
» cheminer que sur les champs. Le fantassin lui-même ne peut
» avancer qu'en se jetant de droite et de gauche pour prendre
» pied. Tout ce que nous pouvons annoncer dans ce moment,
» c'est un acheminement à un coup violent, qui sûrement aura
» lieu dès que le temps permettra seulement un ordre de
» bataille. »

Pendant ce temps-là, ce *monarque adoré et bien digne de l'être*
n'oubliait pas d'étendre sur son peuple sa paternelle bienveillance. Pour prévenir les troubles dans l'intérieur de ses provinces, il avait publié à la date du 4 avril, avant son départ, la cu-
rieuse ordonnance qui suit :

*Ordonnance de l'Empereur et Roi, concernant les fauteurs du
système français, du 4 avril 1794.*

« François, par la grâce de Dieu, empereur des Romains,
toujours auguste, roi d'Allemagne, de Hongrie, de Bohême, etc...
L'Europe est témoin, depuis cinq ans, de la situation affreuse
du malheureux royaume de France, naguère si florissant, et
dont les maux toujours croissant, ne laissent point encore
apercevoir leur terme : la faction impie, qui le tyrannise, n'est
parvenue à établir son monstrueux système, qu'en attaquant à
la fois, sous l'appât trompeur de réforme, la religion et la
constitution de l'Etat, ainsi que toutes les bases de l'ordre so-
cial, que cette faction n'a point tardé de détruire, en y substi-
tuant une prétendue liberté et une prétendue égalité absolument
chimériques.

» Résolus de maintenir invariablement la religion et la constitution, qui, depuis des siècles, font le bonheur des florissan-
tes provinces Belgiques, nous avons trouvé qu'il était de notre
sollicitude de seconder et d'appuyer par une loi sévère, le vœu
public si fortement et si généralement prononcé par l'horreur
que le pays entier a montrée pour le système des novateurs français, et d'empêcher que des factieux ennemis de l'Etat et de leur
patrie, émissaires ou complices de ceux qui ont usurpé en
France tous les pouvoirs, n'introduisent, ne propagent ou ne
répandent dans le pays, par des complots ou des menées cri-
minelles, les principes du système révolutionnaire français.

» Pour préserver nos fidèles sujets de cette contagion et
écarter d'eux d'aussi grands malheurs, nous avons, de l'avis de
nos très-chers et féaux les Chef et Président et gens de notre

conseil privé et à la délibération de notre très-cher et féal cousin François-Georges-Charles, comte du Saint-Empire romain de Metternich-Winnebourg, chevalier de l'ordre de la Toison d'or, grand-croix de l'ordre royal de Saint-Etienne, notre chambellan, notre conseiller d'Etat intime actuel, et notre ministre plénipotentiaire pour le gouvernement général des Pays-Bas, en l'absence de Son Altesse Royale, le sérénissime gouverneur-général, statué et ordonné, statuons et ordonnons les points et articles suivants :

Art. Ier. — Tous ceux soit étrangers ou regnicoles, qui par des conspirations ou par des complots tenteront d'introduire, répandre ou propager dans ce pays ce système, seront traités comme coupables de haute trahison et comme tels *punis de mort*, ainsi que tous ceux qui seront convaincus d'avoir été à cet effet en correspondance ou en intelligence avec l'ennemi ou ses adhérents.

Art. II. — Tous ceux qui se permettront soit de bouche, soit par écrit, de propager les principes pernicieux de ce système, seront punis de détention, soit à perpétuité, soit à terme, selon l'exigence des cas.

Art. III. — Comme dans les circonstances actuelles il convient de surveiller exactement les associations connues sous le nom de *clubs*, *sociétés littéraires*, ainsi que toutes autres associations de ce genre, dans lesquelles toutes personnes ne sont pas indistinctement admises et quelle que soit leur dénomination , nous ordonnons que les préposés de ces assemblées les annoncent aux conseillers fiscaux, en indiquant l'objet de leur société, et les noms des personnes qui les composent, afin d'obtenir par écrit l'agrément, qui ne sera jamais que provisionnel, de nos susdits fiscaux, à l'effet de pouvoir tenir leurs assemblées, à peine que, si quelqu'une de ces sociétés s'assemblait avant d'avoir obtenu cet agrément, chacun des contrevenants encourra une amende de cent écus pour chaque contravention.

Art. IV. — Les sociétés qui voudront admettre un nouveau membre, devront obtenir la permission par écrit des Officiers de justice de l'endroit, à peine que la société en contravention sera supprimée.

Art. V. — Ordonnons à tous Officiers de justice, tant dans les villes qu'au plat pays, d'informer nos Officiers fiscaux en-dedans deux fois vingt-quatre heures, des sociétés de l'espèce de celles mentionnées ci-dessus , ainsi que de tous autres conventicules ou rassemblements de ce genre existant dans leurs ressorts respectifs, à peine, en cas de négligence, d'une suspension d'un an de leur office, ou autre plus grième, selon l'exigence du cas. Ordonnons sous les mêmes peines auxdits Officiers de justice de dénoncer aux conseillers fiscaux, dans le terme mentionné, toutes autres contraventions à la présente ordonnance.

Art. VI. — Ceux qui dénonceront les coupables des crimes, excès et délits mentionnés dans la présente ordonnance, de manière que ceux-ci puissent être convaincus en justice, auront une récompense proportionnée à *l'importance de la dénonciation*, et qui ne sera pas moindre de mille écus, si la dénonciation porte sur les crimes mentionnés dans l'article premier de la présente ordonnance et leur *nom sera tenu secret.*

ART. VII. — Les complices, qui auront fait des dénonciations, jouiront de la même récompense et en outre de l'impunité de leur délit, à moins qu'ils n'en fussent les chefs ou les principaux auteurs. »

« Si donnons en mandement, etc...... »

Le 16 avril, François II quitta Valenciennes et transporta le quartier-général à Englefontaine, où l'armée ennemie tendait à opérer l'investissement de Landrecies. L'Empereur la passa en revue sur les hauteurs de la *Selle*, derrière Cateau-Cambrésis, où 120,000 hommes se développèrent en colonnes imposantes. Quelques semaines après, il put voir du haut des collines de Templeuve, où il s'était placé, la déroute de ces légions qui comptaient sur la victoire. 70,000 hommes en avaient battu plus de 100,000. Moreau et Pichegru eurent les honneurs de la journée. Après cet échec, François II se rendit à Gand, pour y arrêter de nouveaux plans d'opérations.

<h2 style="text-align:center">§ II.</h2>

Pendant que la République française, à part quelques légers insuccès, se montrait, dans la campagne de 1794, victorieuse au Nord, aux Alpes et aux Pyrénées, Valenciennes depuis près d'une année gémissait sous l'oppression étrangère. Les Autrichiens, effrayés des progrès de l'armée républicaine, n'en continuaient pas moins d'asseoir par la violence leur domination. Mais de brillants succès vinrent enfin ranimer l'espoir des citoyens. La fuite précipitée de la *Jointe impériale* et la démission des administrateurs, donnée le 3 juillet 1794, forcèrent le général-major à réunir provisoirement entre ses mains l'autorité civile et militaire, et à pourvoir au remplacement du Magistrat. Le 15 messidor (3 juillet 1794), des soldats envoyés par de Kinnart, major de la place, intimèrent l'ordre à quelques habitants qu'il avait désignés, de se rendre sans délai auprès de lui. Ceux-ci, incertains du sort qui les attendait, obéirent non sans inquiétude. De Kinnart les accueillit avec cet arrogant dilemme : « Votre ville est sans magistrats, il en faut : ou vous » êtes des scélérats, ou vous êtes des honnêtes gens ; votre » conduite va fixer mon opinion sur votre compte. Répondez à » ma confiance ; acceptez-vous ? » Un refus formel fut leur réponse. Chacun d'eux fit valoir ses raisons : les uns alléguèrent leur grand âge, leurs infirmités ; les autres leur jeunesse et leur inexpérience; tous enfin témoignèrent la plus grande répugnance pour de pareilles fonctions. Mais les excuses les plus légitimes furent impuissantes auprès d'un maître hautain et violent, que l'apparence même de la contradiction mettait en fureur. De Kinnart irrité d'une résistance qui semblait concertée, leur

répliqua avec colère que de force ou de gré, ils seraient magistrats. Il alla même jusqu'à menacer d'une bastonnade de cin-
quante coups sur la place d'armes, quiconque n'accepterait pas,
sans répliquer, les fonctions publiques qui lui seraient dévolues.
Ils acceptèrent donc, mais en déclarant qu'ils cédaient à la force,
comme le constatent l'acte même de leur nomination et le premier
article additionnel de la capitulation : « Nous, etc... sans avoir
» égard aux excuses par eux alléguées, pour se dispenser de
» remplir les fonctions de magistrature que nous avons jugé à
» propos, dans la circonstance, de leur attribuer, leur avons
» *expressément ordonné*, attendu qu'il s'agit de l'intérêt public,
» auquel tout homme bien pensant doit se prêter, *d'accepter*
» *lesdites fonctions*, etc...... » (*Extrait de l'acte de nomination
du 3 juillet 1794.*) Le premier acte additionnel de la capitulation
est ainsi conçu : « Le Magistrat ayant été *forcé d'accepter* les
» places qu'il occupe depuis que l'ancien est parti, s'étant tou-
» jours bien comporté en ce qui concerne le bien public, ne
» sera nullement inquiété, non plus que les habitants paisibles,
» etc...... » Cet article n'étant pas de compétence militaire,
fut renvoyé aux représentants du peuple. Nous verrons plus
tard quel cas ils firent d'une pareille clause. A son entrée en
fonctions, le nouveau Magistrat trouva les finances en désor-
dre, et fut forcé de prendre des mesures pour faire rentrer
les termes échus des impositions. Ses premiers pas dans cette
carrière difficile furent marqués par des actes de justice et
de bienveillance. « Ne formons, dit-il à ses concitoyens,
» qu'un cœur et qu'une âme ; n'oublions pas que nous som-
» mes tous habitants de la même cité ; effaçons de notre sou-
» venir tout ce qui pourrait altérer l'union qui doit régner
» entre nous... Qu'il nous serait doux de n'employer que les
» moyens de persuasion ! Ce sont les seuls qui conviennent à
» nos sentiments ! Avec quels regrets nous verrions-nous con-
» traints d'employer ceux de rigueur. Si vous aimez vos magis-
» trats, ne leur donnez pas ce chagrin. Empressez-vous d'ac-
» quitter vos impositions. Nous vous y invitons ; nous vous en
» prions même, etc. »
Bientôt les demandes les plus vexatoires se succédèrent de la
part de De Kammeler, emprunt forcé, pionnerie, expulsion des
patriotes et des pauvres. Pour arriver à ses fins, le général-major
menaçait toujours de faire retomber sur les habitants les conséquences d'un refus. Ce fut par cette politique, à la fois cruelle et
raffinée, qu'il parvint à asseoir son emprunt. Mais cet emprunt
qui devait être rempli sous huitaine, ne l'était point encore au
moment de la reprise de la ville, par suite des lenteurs que
l'on mettait dans le recouvrement. Si le Magistrat céda sur la
question de l'emprunt, du moins il s'opposa de toutes ses forces
à l'expulsion des patriotes et des pauvres. De Kammeler eut
beau réitérer ses ordres, il se refusa constamment à les exécuter. Sa fermeté en imposa au général-major, et la mesure fut
enfin rapportée. La demande inique de mille pionniers par jour

ne fit qu'aggraver la lutte continuelle du Magistrat contre le despotisme. Ce fut *Larcin*, commissaire-civil, qui la formula. En vain s'éleva-t-on avec force contre cette prétention odieuse, en objectant que jamais la commune n'avait été assujettie à une corvée de cette nature. *Larcin* eut recours aux menaces, puis à l'autorité de De Kammeler. Il fallut obéir ; mais au lieu de mille pionniers, il s'en présentait à peine trois ou quatre cents par jour. De Kammeler entrait alors en fureur, demandait la liste des absents et ne consentait à suspendre le châtiment, qu'en présence d'une députation qui venait intercéder. Le lendemain, il n'était pas mieux obéi. Messieurs du Magistrat se rendirent alors chez ce général, ayant à leur tête *Bertin*, vieillard octogénaire et infirme, qu'il avait fait sans pitié arracher de son lit, pour le mettre *bon gré mal gré* en possession de son office de prévôt (1). Aux sages représentations qu'ils lui adressèrent, à savoir que par ses mesures odieuses, il allait leur faire perdre l'amour et la confiance de leurs concitoyens, qu'alors il ne leur restait d'autre ressource que d'abandonner un poste où ils ne pourraient désormais faire le bien, il répondit : « Votre con-
» duite ne me surprend pas ; il y a longtemps que je m'attendais
» à cette démarche : mais jamais je n'y accéderai. Je refuse la
» démission que vous m'offrez et vous *ordonne* de garder vos
» places ; cependant je veux bien oublier ce qui s'est passé, et
» pardonner encore une fois à vos habitants. »

---

(1) Jean-Joseph *Bertin*, avocat au parlement de Flandre, premier échevin de la ville et plus tard président du tribunal du district de Valenciennes (en vertu d'une nomination portant la signature autographe de Louis XVI, et datée du 24 octobre 1790), avait marié sa fille à un jeune avocat appartenant comme lui au parlement de Flandre, Louis Grenet, fils de l'économe du collége de Valenciennes.

Louis Grenet avait conquis dans l'estime de ses concitoyens une place distinguée : en 1789 il siégeait au grand conseil de la ville et dut aux nombreux suffrages qu'il recueillit d'être inscrit en tête de la liste. Il remplit simultanément les fonctions de clavier ou garde des archives, celles de membre du conseil particulier, dont il fut un des secrétaires, enfin celles de membre de l'assemblée municipale, chargée de la répartition des impôts. A l'époque du siége de 93, il était capitaine commandant la 5e compagnie du 1er bataillon de la garde nationale.

Au moment de l'évacuation de la place, pour ne pas se soumettre à un joug détesté, il embrassa ses enfants déjà privés de leur mère, les confia au vieux Bertin, désormais leur seul appui, et sortit avec la garnison. Sa bravoure et son mérite personnel lui conservèrent le grade de capitaine dans les troupes de la place, auxquelles il fut incorporé, et on lui donna une compagnie de canonniers de la ligne qui fut immédiatement dirigée sur Lyon, avec toutes les troupes qui sortirent de Valenciennes. Il y était arrivé de quelques jours à peine, lorsqu'il tomba frappé mortellement de deux éclats d'obus, auprès de la batterie qu'il commandait. Ses épaulettes, son épée furent religieusement rapportées par un compagnon d'armes à sa jeune famille.

Cet exil volontaire et cette mort qui en fut la conséquence contribuèrent à soustraire à l'échafaud le vénérable Bertin. De Kinnart, pour

Le 5 fructidor (22 août), De Kammeler les informa que des bourgeois avaient attenté à la vie de quelques officiers, qu'en conséquence, il leur ordonnait d'expulser sur-le-champ les pauvres, et de faire dresser une potence sur la grand'place. Plus d'une fois déjà, il avait voulu faire exécuter ces mesures de rigueur ; mais l'habile fermeté du Magistrat avait jusqu'alors réussi à les conjurer. Le dernier événement excita plus que jamais sa fureur et ôta tout espoir d'adoucissement au Magistrat, qui tenta vainement de le ramener à des sentiments plus modérés. Il parvint cependant à empêcher l'expulsion des pauvres ; mais *la potence fut dressée sur la Grand'Place* ; De Kammeler fut inflexible. On raconte qu'un citoyen arbora, comme protestation, en face de l'instrument du despotisme, le drapeau national. Réduit à l'impuissance, le Magistrat céda ; mais son courage et son dévouement grandirent dans ces douloureuses circonstances. Il mit tout en œuvre pour protéger les habitants désarmés.

Cependant à l'intérieur le sang coulait sur les échafauds. Une lutte terrible s'était déclarée entre les membres des Comités et faisait présager une inévitable catastrophe. Les armées de la République continuaient sur la Sambre et au nord leur brillante offensive. D'après la résolution du Comité de salut public, au lieu d'attaquer l'ennemi de face, dans les places fortes et les positions qu'il occupait, on se porta sur les flancs, de manière à lui couper les communications et à le réduire à l'abandon du territoire envahi. La bataille de Fleurus, le 8 messidor (26 juin) fut le signal de cette brillante campagne. Bientôt Landrecies, Le Quesnoy furent repris, et le général Schérer, dont la réputa-

---

reconstituer, comme nous l'avons vu, la municipalité avait employé auprès de lui obsessions, prières, menaces ; et comme les considérations et les dangers personnels le trouvaient inébranlable, il avait essayé, pour arriver au cœur du vieillard, une voie plus sûre : il lui avait reproché l'exil de son gendre après une lutte obstinée qu'il appelait un crime, et laissait entrevoir des mesures extrêmes qui envelopperaient l'octogénaire et ses enfants... Berlin céda, et se laissa mettre à la tête de l'administration municipale. Quand la ville fut délivrée des Autrichiens, et que, comme nous le dirons plus tard, tous ceux qui avaient accepté des fonctions pendant l'occupation furent arrêtés par les députés conventionnels, *Bertin*, arraché de sa maison et presque de son lit, séparé de sa jeune famille, fut conduit à Douai, où il parut devant ses juges. — « Citoyen, lui cria l'accusateur public, pourquoi as- » tu accepté les fonctions de prévôt, sous les ennemis de la République ?» — « Citoyen, répondit le vieillard, c'était pour pouvoir élever et pro- » téger des enfants, dont le père est mort au service de la patrie. »

Cette réponse appuyée sur un fait récent et connu, déconcerta l'accusation : on n'osa point rendre deux fois orphelins ces enfants à qui l'amour du nom français avait déjà coûté si cher.

Nous enregistrons cette anecdote avec d'autant plus de plaisir, qu'elle intéresse un de nos collègues, M. Caffiaux, dont les enfants sont les derniers descendants de ces deux hommes de cœur. En effet, Mme veuve *Dubois-Grenet*, sa belle-mère, est fille de l'un et petite-fille de l'autre.

tion avait commencé à l'armée de Sambre-et-Meuse, arrivait sous les murs de Valenciennes, établissait ses batteries, pressait les travaux de manière à en imposer à la place, puis adressait une sommation au général-commandant. Celui-ci accepta, dans les vingt-quatre heures, les conditions qui lui furent imposées, et le 10 fructidor (1er septembre 1794) évacua la place, occupée depuis treize mois. L'armée républicaine entra triomphante, et fut accueillie avec enthousiasme. Le Magistrat précédé d'un drapeau tricolore et d'une musique guerrière alla au-devant du général Schérer, pour le haranguer au nom d'une population qui lui devait sa délivrance.

A la suite de l'armée de Schérer, arrivèrent à Valenciennes *Roger Ducos* et *Jean-Baptiste Lacoste*, députés de la Convention. La ville qui avait si richement payé sa dette à la révolution française, lui devait encore un funeste tribut. Par un zèle imprudent, les députés mandèrent à la Convention qu'ils avaient trouvé à Valenciennes plus de mille émigrés, et s'empressèrent d'arrêter tous ceux qui s'étaient réfugiés dans la ville pendant le siége, tous les fonctionnaires et magistrats qui avaient accepté des emplois pendant l'occupation (1). L'abbaye St-Jean fut provisoirement transformée en prison. Heureusement ces nombreux dé-

---

(1) Voici les noms du nouveau Magistrat nommé le 3 juillet 1794 :

MM. Bertin, prévôt ; Theillier de Poncheville, conseiller pensionnaire ; Pleo ; Bousez ; Talon ; Biécourt ; Morel ; Payen ; Gobeau ; Prin ; Barbet fils ; Flory fils ; Dubois-Fournier, jurés-échevins ; Boca, Norbert, procureur-syndic ; Bataille, greffier civil ; Descornaix, greffier criminel ; Crassier, greffier des Werps ; Prin père, greffier de la trésorerie. Les autres emplois tant civils qu'administratifs étaient laissés à la nomination du Magistrat.

Tous furent arrêtés par les députés conventionnels, et avec eux les fonctionnaires dont les noms suivent :

Lussigny ; Martinache ; Caffeau ; Perdry ; Barbieux ; Le Sage ; D. Daulmeny-Rhoné ; Lacheze ; Poitevin ; Beghin ; Fel. Bronsart ; Deroubay ; H. Hensy.

Après le nom de Bertin, figure sur la liste celui de Thellier de Poncheville, conseiller pensionnaire, l'un des aïeux vénérés de la Magistrature valenciennoise, dont il fit partie jusqu'en 1827. Né à Saint-Pol (Pas-de-Calais) en 1764, il débuta comme avocat au barreau d'Arras, où il eut Robespierre pour collègue. Quand les Français, deux mois après sa nomination de conseiller pensionnaire, eurent repris Valenciennes, il fut, comme nous l'avons dit, arrêté avec tous les fonctionnaires publics, enfermé dans l'abbaye St-Jean, puis jeté dans un tombereau et conduit à Douai. Là, devant le tribunal criminel, il présenta lui-même, dans un remarquable plaidoyer, sa défense et celle de ses co-accusés. On raconte qu'une scène attendrissante suivit sa plaidoirie. Un sieur *Moneuse*, de Valenciennes, qui avait eu l'imprudent courage, pendant l'occupation, de proférer devant trois dragons de Latour les cris de *vive la République*, allait être brutalement passé par les armes, lorsque Theillier, oubliant le danger, s'élance entre lui et les soldats furieux et parvient à arrêter leurs coups. Ce citoyen, ayant appris l'arrestation du Magistrat, vint à l'audience implorer en sanglotant la grâce de son libérateur.

tenus furent soustraits à la commission militaire, et conduits au chef-lieu, à Douai, dans la maison dite des *Annonciades*, où ils furent sauvés par la question intentionnelle. On jugea qu'ils n'avaient servi l'étranger que par force et par contrainte. Il n'en fut pas de même des religieuses, des prêtres et des émigrés qu'on put trouver dans la ville. On les regarda comme peu dignes d'être envoyés devant le tribunal criminel du département du Nord, et plusieurs d'entre eux furent jugés et exécutés dans les vingt-quatre heures. Enfin du 23 septembre 1794 au 15 décembre de la même année, soixante-sept victimes portèrent leur tête sur l'échafaud. Robespierre était tombé, et sa chûte semblait laisser respirer la France ; mais hélas ! le régime de la terreur tardait à s'écrouler. Et tandis que l'armée étrangère regagnait honteusement la frontière, tandis que la Convention, qui rejetait sur les Jacobins et sur la commune tous les excès, proclamait hautement son amour pour la justice et pour la liberté, la liberté était aux gémonies, la justice n'était encore qu'un vain mot.

Th. Louïse,
Secrétaire de la Section d'histoire et de littérature.